LA LOI

DES

RÉCIDIVISTES

ET

LES COLONIES

PAR

V. SCHŒLCHER

PARIS

IMPRIMERIE DU *MONITEUR DES COLONIES*

221, Rue Saint-Jacques, 221.

—

1885

LA LOI DES RÉCIDIVISTES

ET LES COLONIES

Cette loi, votée il y a deux ans par la
Chambre des députés, vient de passer au
Sénat. Il est bien entendu parmi ses partisans que ses adversaires n'ont de sympathie
que pour les voleurs, les assassins, les va-
gabonds, et ne sentent aucune pitié pour
leurs victimes ! Nous ne nous inquiétons pas
du tout de ce jugement des impitoyables ;
atteint et convaincu du vice de « sensiblerie », dont d'ailleurs nous ne nous défen-
dons pas, nous acceptons sans la moindre
peine leur arrêt. Nous ne voulons aujour-
d'hui parler de cette loi d'une rigueur outrée
qu'au point de vue colonial, qu'elle touche
plus particulièrement.

Les colonies sont parties intégrantes du
territoire français ; prolongements de la
France, comme on l'a dit, elles sont en réalité des départements d'outre-mer absolument égaux sous tous les rapports aux départements de la métropole. Nulle personne
sensée ne fera à leurs habitants l'injure de
nier qu'ils soient Français et citoyens. Depuis 1789, toutes les constitutions républi-
caines, toutes, leur ont donné des représentants dans les Chambres législatives. Cha-
que jour le pouvoir central travaille à assi-
miler de plus en plus leur régime judiciaire,
administratif, municipal, électoral, civil et

politique à celui de la mère-patrie, et toutes les lois récentes pouvant les intéresser contiennent un article additionnel portant : « La présente loi est applicable aux colonies ».

Cependant, qu'est-il arrivé au Sénat? Sa commission chargée d'examiner le projet de loi sur les récidivistes avait dit dans son premier rapport, comme la Chambre des députés : « Les récidivistes seront relégués sur le territoire de colonies ou possessions françaises. » Une étude plus approfondie de la question la conduisit à penser, après de sérieuses délibérations, qu'il fallait laisser au gouvernement la responsabilité des voies et moyens à prendre pour l'application de la loi dont il est l'auteur; rayant en conséquence le mot *colonies*, elle proposa *à l'unanimité* de dire : « Des règlements d'administration publique détermineront les territoires affectés à la relégation. » A cette disposition, MM. Issartier, Barbey, Dusolier, Brossart et Roger proposèrent de substituer la rédaction suivante : « La relégation consistera dans l'internement perpétuel sur le territoire de colonies et possessions françaises des condamnés que la présente loi a pour objet d'éloigner de France. » La commission, changeant de nouveau d'avis se rallia à cet article et, appuyé par le ministère, il a été voté à une grande majorité composée des républicains et des réactionnaires ensemble conjurés.

Le ministère a voulu par là rassurer les départements métropolitains, et surtout ceux de l'Algérie, contre la crainte qu'ils pouvaient avoir qu'on ne les choisît pour lieux de relégation; d'*où* il suit qu'il tient à peu près ce langage : La France est infestée de 50 à 60,000 récidivistes, malfaiteurs incorrigibles qui l'incommodent ; elle résout, pour s'en délivrer, de les reléguer dans ses colonies ! Quoi qu'il arrive, la présence de cette pourriture des prisons sera pour elles une souillure, un danger qui troublera leur sécurité, mais la France ne veut pas s'en préoccuper ; tant pis pour les habitants des colonies !

La raison, le droit, l'équité, la morale protestent contre un tel abus de la force, ils ne permettent pas plus de transformer les départements de la Martinique, de la Guadeloupe, de la Réunion et de la Guyane en dépôts d'immondices sociaux, que les départements des Vosges, d'Ille-et-Vilaine, du Loiret et de la Gironde, qui élisent quatre membres du cabinet.

Il a été dit à la Chambre des députés : « Si nos colonies protestaient, leurs protestations ne seraient pas fondées. Elles doivent se rappeler toujours qu'elles doivent tout à la mère-patrie, et que, lorsque la mère-patrie leur demande des sacrifices, elles ont pour devoir de se soumettre. »

Nous répudions cette doctrine en tant qu'elle fait aux colonies une situation exceptionnelle. Oui, certes, elles ont le devoir de se soumettre à tous les sacrifices qu'exige d'elles la mère-patrie, parce que françaises mais non pas parce que colonies. Ce devoir ne leur incombe pas plus qu'à tout autre département. Qu'elles soient tenues de se résigner à la relégation, si la mère-patrie veut la leur imposer, rien de plus vrai ; mais elles ont le droit de faire des représentations comme l'aurait toute province métropolitaine en pareil cas. Les récidivistes sont des hommes perdus de vices, usés par la débauche, souillés de tous les crimes; la France peut les évacuer sur telle ou telle de ses colonies, si elle le juge nécessaire, soit; mais c'est vraiment dépasser les bornes de la raison de prétendre que toute réclamation de leurs habitants serait un oubli de leur devoir, qu'il ne leur est pas même permis de se plaindre et de dire : Prenez garde, ces misérables que vous allez jeter au milieu de nous seront pour nous un fléau qui déshonorera notre pays et en fera fuir l'approche à tous les gens honnêtes.

Pas une colonie qui en fait ne soit exposée à ce cruel destin. Veuillez remarquer, a dit M. Verninac, rapporteur de la commission (séance du 10 février), « veuillez remarquer que nous ne précisons pas dans quelle colonie se fera la relégation; comme on peut aller dans *toutes*, le gouvernement sera maître de choisir celle qui lui semblera réunir les meilleures conditions ». Cependant, comme la Guyane est en réalité la seule de nos colonies dont le territoire soit assez vaste pour recevoir les 50 ou 60,000 récidivistes que la métropole veut chasser de son sein, c'est la Guyane seule que la loi atteindrait. Ses habitants ont énergiquement manifesté l'horreur que leur inspire l'invasion des plus vicieux des malfaiteurs dont ils sont menacés; ils la dénoncent comme une calamité ajoutée à celle de la transportation dont ils souffrent déjà. Nous avons porté à la tribune les véhémentes protestations votées à l'unanimité par leur conseil général.

Rien de plus respectable, de plus légitime que leurs plaintes. Si, en effet, les 50 ou

60,000 récidivistes disséminés parmi les 33 millions d'habitants de la métropole y sont une cause de démoralisation, combien ne le seront-ils pas davantage rassemblés en masse près des 16,000 habitants de la Guyane ! C'est de la politique de débarras, mais il faudrait démontrer qu'elle n'est nuisible à personne. Est-ce le cas ? Non. Elle sera fatale aux Guyanais. Les gens qui nous font honte de « notre fausse humanité » en criant qu'ils gardent, eux, toute leur sensibilité pour les victimes des récidivistes, ne montreraient-ils pas mieux le bon aloi de leur charité en en réservant un peu pour ces 16,000 créoles français qu'ils vont sacrifier à leur repos en versant chez eux les scélérats dont ils veulent se défaire ? Charité bien ordonnée commence par soi-même a-t-il donc cessé d'être le dogme du plus sordide égoïsme ?

Les partisans de la loi ont répété constamment, dans le cours de la discussion à la Chambre des députés comme au Sénat : La multiplicité des délits et des crimes des récidivistes démontre qu'ils sont incorrigibles, on ne peut tolérer plus longtemps le danger que leur grand nombre fait courir à la morale publique, et il n'y a d'autre moyen d'en délivrer la France que de les transporter aux colonies. — Nous maintenons que le moyen est inacceptable, parce qu'il est absolument injuste. Les colonies ne sont pas moins la France que la métropole, *ubique patria !* Partout la patrie. Ne serait-ce donc pas dès lors, de la part de la mère-patrie, un acte de marâtre de leur imposer un élément de corruption pour purger la métropole. On réprouve encore davantage cet étrange pro cédé d'épuration, quand on songe que notre système pénitentiaire fait de nos prisons en commun de véritables fabriques de récidivistes. Ce qui nous étonne et nous afflige profondément, c'est qu'une mesure aussi impitoyablement inique que celle de la relégation puisse être discutée et obtenir de grosses majorités dans les deux assemblés législatives de la nation la plus généreuse du monde ancien et moderne.

Le ministère a décidé de ne tenir aucun compte des protestations des Guyanais. Reste à savoir s'il ne se laissera pas arrêter par l'insalubrité du climat de leur pays. Nous sommes loin de le croire aussi meurtrier qu'on l'a dit ; un Européen peut y résister en observant une hygiène très sévère, cela n'est pas douteux ; mais même à cette condition sa santé est toujours très éprouvée lorsqu'il fait un séjour prolongé ; il n'y saurait vivre impunément dix années de suite. Assurément tous n'y meurent pas, mais assurément aussi beaucoup y laissent leurs os. C'est là ce qu'on entend avec pleine raison lorsqu'on affirme que l'Européen n'y peut pas vivre, c'est là ce qui a fait dire par le grand Victor Hugo avec non moins de raison, lorsque les bandits du 2 décembre déportèrent les républicains à la Guyane, qu'ils les envoyaient à la guillotine sèche.

En définitive, pourquoi l'administration impériale elle-même, que les plus rigoureux n'accuseront certainement pas de « sensiblerie », avait-elle envoyé les galériens de la première transportation de la Guyane à la Nouvelle-Calédonie et avait-elle décidé qu'aucun forçat européen ne serait à l'avenir transporté à la Guyane ? Ce fut, personne ne l'ignore, pour les soustraire à l'inclémence du climat de cette colonie. N'est-ce pas, dès lors, au mépris des sentiments d'humanité, que l'on puisse songer à y reléguer les récidivistes? La Chambre des députés voudra, espérons-le, se le rappeler avant de voter définitivement la loi.

Comment donc, a-t-on objecté, s'il était vrai que la Guyane fût si malsaine, nos fonctionnaires, nos magistrats, nos soldats pourraient-ils y servir? C'est ignorer ce qui se passe à leur sujet. Malgré les soins que l'on prend de la santé des garnisons, des règlements toujours observés limitent à deux ans la durée de leur séjour dans la colonie. Quant aux magistrats et aux fonctionnaires, ils n'y demeurent guère plus de trois ou quatre ans, et un système de congés de convalescence leur permet de venir en France renouveler leurs forces. Or, les relégués internés à la Guyane à perpétuité n'ont pas beaucoup de chance, on en conviendra, d'obtenir des congés de convalescence; on ne peut espérer non plus que l'administration s'attache à veiller sur leur santé comme elle veille sur celle de nos soldats. Ajoutons qu'il n'y a, d'ailleurs, pour eux, d'autre occupation possible que le travail de la terre, et c'est précisément ce travail auquel les Européens ne peuvent se livrer sans courir, au bout d'un certain temps, danger de mort. Les récidivistes sont des criminels particulièrement haïssables, mais on ne nous persuadera jamais qu'il importe au salut de la société de leur infliger un châtiment qui mette leur vie en péril.

Le gouverneur actuel de la Guyane, tout en soutenant « qu'elle est naturellement désignée pour recevoir la relégation et qu'il est entré dans les mœurs d'affirmer qu'elle est un pays insalubre par excellence », convient que « ce n'est pas un pays salubre par excellence ; j'y ai moi-même, dit-il, eu les fièvres à mon arrivée, et *toute ma famille y a passé ;* il en est de même à peu près de tous ceux qui arrivent, c'est ce qu'ils appellent ici l'acclimatement ». Quand un gouverneur, sa femme et ses enfants, qui ont un bon hôtel pour s'abriter et se soigner, à Cayenne même, passent tous par ce genre d'acclimatement, croit-on que les récidivistes le subiront sans perdre beaucoup des leurs ? M. l'amiral Jauréguiberry, ancien gouverneur de la Guyane, où il a habité, n'admet pas, du reste, que l'on en soit toujours quitte pour d'anodines fièvres. « Si vous voulez, s'est-il écrié à la tribune, si vous voulez vous débarrasser à tout prix des récidivistes, envoyez-les à la Guyane, vous atteindrez le but, car au bout d'un petit nombre d'années ils auront presque tous été dévorés par le climat ».

En tout cas, qu'ils meurent vite ou non, imaginez quel désordre effroyablement abominable vont engendrer ces fournées de quatre ou cinq mille coquins dissolus débarquant, sans femmes, sur les rivages de Cayenne ! Y peut-on songer sans frémir ?

Maintenant il n'est pas sans intérêt de savoir quelles seront les charges qu'imposera au Trésor public l'application de la nouvelle loi pénale. A la demande de la commission du budget, l'administration de la marine les a calculées pour une période de trois années et en a fourni le détail. Les dépenses monteront aux chiffres suivants :

1re année. — Pour la relégation de 5.000 individus . . . . 8.642.730 f.

2e année. — Pour la relégation de 4.000 individus. 8.809.190

3e année. — Pour la relégation de 3.000 individus. 8.911.800

Soit pour la relégation de 12.000 individus. . . . . 26.396.720 f.

Et quand on aura purgé la France de ces 12,000 récidivistes au prix de 26 millions et demi, elle ne sera pas beaucoup plus avancée, car il lui en restera 30 ou 40,000 à reléguer si elle veut aller jusqu'au bout.

Cette entreprise ne nous paraît sage, ni moralement, ni politiquement, ni financièrement; elle ne se recommande, elle ne s'excuse par aucun bon côté. Elle est inique au même degré littéralement que le serait un homme qui se déchargerait sur son voisin, incapable de lui résister, d'un fardeau qu'il trouverait trop lourd. Elle n'a pour elle que la raison du plus fort, et, même à ce prix, elle n'est pas une solution de la difficulté, elle est un pur expédient qui ne résout rien : elle ne guérit pas l'affreuse plaie du récidivisme; elle n'améliore pas le récidiviste, elle ne change pas sa nature, elle le change seulement de place, au plus grand détriment moral des populations coloniales au milieu desquelles on le rejette.

Au seuil même de la loi renvoyée à la Chambre des députés, on est frappé de ce qu'elle a de contraire au sens moral qui doit pénétrer toute œuvre législative. « La relégation, dit son article 1er, consistera dans l'internement perpétuel, sur le territoire de colonies ou possessions françaises, des

» condamnés que la présente loi a pour ob-
» jet d'éloigner de France. Seront détermi-
» nées par des règlements d'administration
» publique les mesures d'ordre et de surveil-
» lance auxquelles les relégués pourront
» être soumis par nécessité de sécurité pu-
» blique et les conditions dans lesquelles il
» sera pourvu à leur subsistance, avec obli-
» gation du travail à défaut de moyens
» d'existence dûment constatés. »

La relégation n'est donc pas, à vrai dire, une peine, elle n'a pour objet que d'éloigner de France le condamné récidiviste ; et celui qui aura de quoi vivre, sera exempt de travail obligatoire. Autrement dit, les voleurs, les escrocs, les assassins, etc., qui se seront amassé une petite rente seront parfaitement libres de faire ce qu'ils voudront, d'aller et de s'établir où il leur plaira, en tant qu'ils ne troubleront pas « la sécurité publique ».

Le récidiviste est déclaré « un malfaiteur perdu de vices, souillé de crimes, incorrigible », si dangereux qu'il faut l'éloigner de France ; mais celui qui, grâce à son genre d'industrie, avant d'être condamné, se sera créé « des moyens d'existence », est considéré comme un bon bourgeois inoffensif une fois exilé sur un territoire colonial ! Ce mode « de préservation sociale » est peut-être bon pour la métropole, mais assurément il ne l'est pas pour les colons, que la corruption du relégué va contaminer et pour lesquels le spectacle du désœuvrement de cet homme qu'ils savent avoir été plusieurs fois condamné comme criminel sera un scandale public !

Nous ne voulons pas finir sans le répéter : la loi de relégation, à quelque point de vue qu'on l'envisage, a un vice essentiel qui aurait dû suffire à la faire abandonner : c'est qu'elle est pleine d'injustice, et une loi injuste est la pire des choses, c'est la légalisation de l'iniquité.

V. Schœlcher.

10 avril 1885.

~~~~~~~~~

Nous croyons utile de mettre sous les yeux du lecteur la protestation des Guyannais contre le choix de leur pays comme lieu de la relégation. Nous avons eu l'honneur de la lire à la tribune du Sénat.

Dans la session extraordinaire du Conseil général de la Guyane, en juin 1884, le gouverneur présenta au Conseil une note contenant un projet d'organisation des récidivistes, demandant en même temps l'avis du Conseil général sur les concessions de terrains qui pourraient leur être faites.

Le Conseil répondit comme suit :

« Le Conseil général, interprète de la colonie tout entière, considérant comme une injure et une menace anticipée à tous les libres citoyens français de la Guyane, la proposition de l'administration supérieure touchant les concessions à faire aux condamnés récidivistes, rebut dangereux et souillé de la population métropolitaine, repousse, avec la plus profonde indignation, et sans même vouloir ni pouvoir l'examiner, la proposition dont s'agit et passe à l'ordre du jour. »

« Le rapporteur, M. Bally, prononça quelques paroles pleines de patriotisme et de dignité. Son allocution se termine ainsi :

« Et l'on voudrait, dit-il, que notre indignation se contint en présence de pareils faits ! Non ! nous le disons hautement : le Parlement français peut nous imposer de nouvelles hontes ; vous êtes les plus forts ; vous assassinerez la Guyane, si tel est votre bon plaisir, mais souvenez-vous qu'en agissant ainsi vous foulerez aux pieds les principes sacrés de la République : Liberté, Égalité, Fraternité. Puissent les hommes de cœur nous entendre ! »
~~~~~~~~~

MM. Millaud, Rosette, Guisolphe, conseillers géné-
raux, appuyèrent la résolution du Conseil général.

« M. MILLAUD. — Quelles que soient les conditions
dans lesquelles la relégation s'opère, quel que soit le
nombre des récidivistes qu'on nous enverra, nous n'en
voulons à aucun prix.

« M. ROSETTE. — Je demande purement et simple-
ment la clôture de la discussion. Nous sommes tous
d'accord pour repousser les récidivistes ; il est donc
inutile de disserter sur la question.

M. GUISOLPHE. — Avant de clore la discussion, lais-
sez-moi vous dire combien je trouve étrange de voir
soumettre aux représentants directs de la colonie cette
proposition de concessions à accorder aux récidivistes.

« Forcés de subir les lois votées par le Parlement,
nous devons, néanmoins, protester énergiquement
contre le don qu'on veut nous faire, malgré nous, de
70.000 récidivistes, membres gangrenés de la société
métropolitaine....

« De ce que nous sommes depuis trente ans le dépo-
toir de la mère-patrie, il convient cependant que les
hommes du Parlement n'oublient pas, comme le disait
il y a un instant mon collègue Bally, qu'il y a trois siè-
cles que le drapeau français protège la Guyane et abrite
sous ses plis des citoyens dévoués à la République. »

« A l'unanimité, la déclaration de la commission est
adoptée. »

Extrait du procès-verbal de la séance du Conseil général du lundi 23 juin 1884, inséré au *Moniteur offi-
ciel* de la Guyane du samedi 5 juillet.

Quelque temps auparavant, une adresse couverte de
signatures avait été adressée à M. le président de la République.

En voici deux paragraphes :

« L'acte consommé de la relégation des récidivistes
à la Guyane deviendrait une calamité de plus ajoutée à
toutes celles qui ont déjà frappé notre pays.

« L'empire nous avait imposé la transportation
mais avec des mesures restrictives qui, malheureuse-
ment n'ont pas été observées, et c'est la République,
dont l'apparition avait été saluée par nous comme une
ère de sainte liberté, c'est elle qui, au mépris de l'humanité et des droits de l'homme, viendrait encore, et
cette fois irrémédiablement, souiller la Guyane, dont la
faible population serait noyée dans les flots malsains
de la relégation. »

Paris. — Impr. du *Moniteur des Colonies*, 221, rue Saint-Jacques,

Contraste insuffisant

NF Z 43-120-14

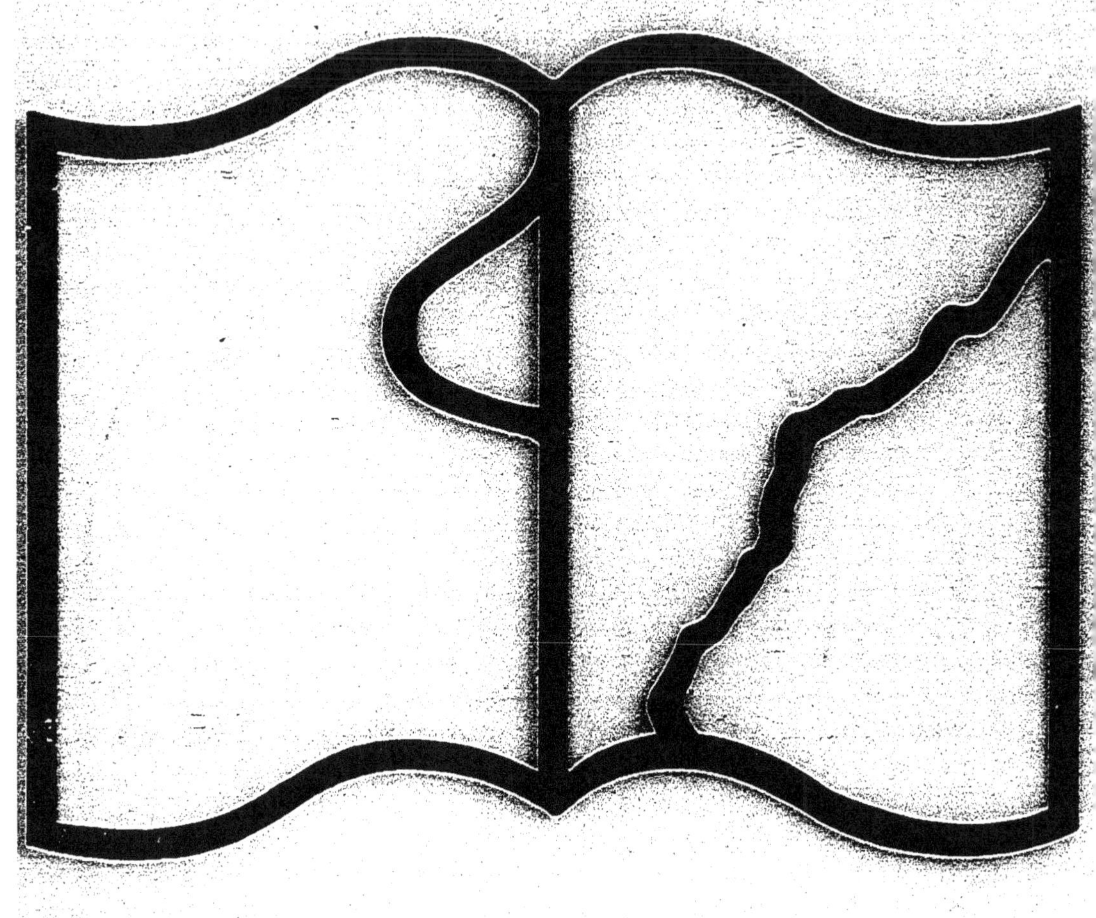

Texte détérioré — reliure défectueuse

NF Z 43-120-11

www.ingramcontent.com/pod-product-compliance
Lightning Source LLC
Chambersburg PA
CBHW051324050726
47595CB00008B/3701